送給

啟啟上小學
胡燕青　文
王曉明　圖
適合程度：小一（伴讀）
小二（獨立閱讀）

初小語文系列 1

啟啟上小學

作者
胡燕青

責任編輯
張小鳴

插圖
王曉明

美術監督
蔡桂球

美術設計
鄭偉傑

出版／發行
基道出版社
香港沙田火炭坳背灣街 26 號
富騰工業中心 1011 室

Logos Publishers
Unit 1011, Fo Tan Ind. Centre, 26 Au Pui Wan St.,
Fo Tan, Shatin, Hong Kong
電話：(852) 2687-0331 傳真：(852) 2687-0281
網址：http://www.logos.com.hk

承印
雅聯印刷有限公司

版次
1997 年 10 月第 1 版
2002 年 8 月第 2 版

Cat. No. LP803-2
ISBN 962-457-128-7

目錄

小學生！
小學生！
真厲害！
真厲害！

1. 穿新衣的小蝸牛

九月到了，我終於成了小學生。

快來看看，我像不像？

開學那天，媽媽親親我的臉，給我穿上新校服。校服可真大啊。她又讓我背上一個大得像屋子的書包。

校服真大！
啟啟真小！

小蝸牛
啟啟！

我看看鏡子裏的自己，啊，我反而變小啦！

爸爸小聲問我：「啟啟要做小學生了，開心嗎？」我點點頭說：「開心。」

我是真的有點高興，但也有點害怕啊。不過，我不知道自己怕的是甚麼。

又高興，
又害怕喲！

　　但是，在學校過了幾天，我再也不害怕了。你猜猜，這是因為甚麼？

不怕了！
不怕了！

小詩

啟啟變小了？

校服大，身體小。
皮鞋大，腳板小。
書包大，肩膀小。
學校真大，啟啟真小。
是不是啟啟變小了？

閱讀報告

（1）啟啟今年九月成了＿＿＿＿，心裏又高興又害怕。

（2）爸爸媽媽希望啟啟在學校裏覺得＿＿＿＿。

（3）啟啟的校服是＿＿＿＿的，不過有點大。

與爸爸媽媽一起想想

（1） 剛開學的時候，為甚麼啟啟會覺得害怕？他怕甚麼？

（2） 你有沒有這種害怕的心情？害怕甚麼？害怕誰？為甚麼害怕？

（3） 為甚麼啟啟的校服和書包會有點大？你的校服大不大？

（4） 你像不像啟啟？甚麼地方像？甚麼地方不像？

2. 大笑專家

上課了，老師走進教室來了！我有點緊張。

好緊張，
好緊張呀！

坐在我旁邊的李思思，本來正在説話，也馬上不説了。只有陳進明還在那裏哈哈哈地大笑。不知道老師會不會生氣呢？

兩條線，兩條線！
我也可以把眼睛瞇
成兩條線！

「小朋友，早。我就是你們的陳老師。」老師高聲說。看，她也在笑呢，眼睛瞇成兩條線。老師又說：「大家的新校服真好看！」

哈哈，
哈哈哈！

我聽了很高興。這位老師十分可親哪。思思也小聲告訴我，她現在不怕老師了。但陳進明呢，他還在笑，哈哈、哈哈地停不了。

「陳進明，你真愛笑。可以告訴我們你在笑甚麼嗎？」老師問。

不告訴你！

陳進明聽見老師叫他的名字，馬上停了下來。你知道他為甚麼笑嗎？下一次告訴你。

小詩

大笑專家

陳進明，真愛笑。
看見鼻孔他會笑，
想起肚臍他也笑，
提到腳趾更要笑。
如果牙齒有個洞，
哈哈哈哈停不了。

閱讀報告

（1）老師走進教室的時候，啟啟的心情有一點＿＿＿＿＿。

（2） 李思思和陳進明都是啟啟的同班 　　　　。

（3） 陳進明在笑，老師 　　　　 在笑。

請你告訴爸爸媽媽

（1） 老師來了，啟啟為甚麼會緊張？

（2） 李思思忽然不説話了，這是因為甚麼？

（3） 你也愛笑嗎？甚麼事情會令你發笑？在教室裏，這幾天發生了甚麼好笑的事？

（4） 如果你是老師，你喜歡你的學生覺得緊張嗎？你會怎樣和愛笑、愛講話的同學交朋友？

3. 人人都有洞洞

老師見陳進明在笑，就請他告訴大家，他在笑甚麼。

進明說：「啟啟張開嘴巴的時候，我看見他的一顆牙齒沒有了，那裏有個洞洞，樣子很好笑。」

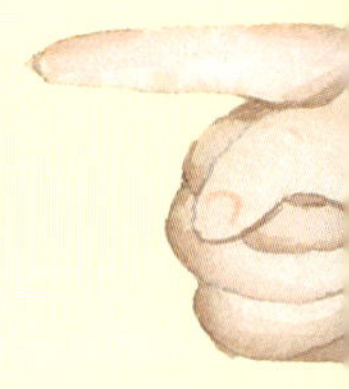

我想哭呢。

我聽了，心裏很難過，原來進明在笑我呀！

快照！
快照！
洞洞很快就
没有了！

老師說：「原來是這樣。明明，你知道嗎？我覺得這些洞洞最好玩了。不過，洞洞很快就沒有了，因為新牙齒會長出來。我小時候一掉了牙，馬上要爸爸給我照相，因為我怕來不及呢。」

我聽見，不想哭了，心裏想，今天晚上一定要爸爸給我照個相。這時候，老師又說：「口裏有洞洞的小朋友，可愛極了。有洞洞的同學，請張開嘴巴讓我看看，好不好？」

咗！

同學們一起回答說：「好！」然後大家張開嘴巴、咬緊牙齒，讓陳老師看他們口裏的洞洞。嘩，跟我一樣有洞洞的同學可真多啊，張宇軒和思思還有兩個呢！

小詩

窗和洞

房間有個窗，
門牙有個洞。
窗子能透風，
洞洞空氣也流通。

閱讀報告

（1）啟啟的嘴巴裏有一個洞洞，因為啟啟的＿＿＿＿掉了，快要長出新的了。

（2）陳＿＿＿＿喜歡小朋友嘴巴裏的洞洞。她說有洞洞的小朋友很是＿＿＿＿。

（3） 陳老師小時候怕洞洞很快就沒有了，所以叫爸爸給她 ＿＿＿＿，讓她以後可以拿來看。

請你告訴爸爸媽媽

（1） 口裏有洞洞，給人家笑，你難過不難過？

（2） 你有沒有笑過誰？怎樣笑？

（3） 你猜猜，爸爸小時候口裏有沒有洞洞？老師有沒有？外公呢？

（4） 你要不要照個相，把你那洞洞嘴巴的樣子記下來？為甚麼？

4. 騎自行車

秋天終於來到了！爸爸說過，到了秋天，天氣會涼快一點，可以去騎自行車。

中秋節！
中秋節！

去旅行，
去旅行！

今天，媽媽讓我背上一個小包，戴上鴨嘴帽，還給我穿上新衣服。哥哥説，我這樣子好看極了。我真高興啊，因為我們一家馬上要到郊外去玩啦。

摔倒了！
摔倒了！

陽光真好。哥哥的臉給曬得紅紅的，眼睛瞇成兩條線。他高聲說：「啟啟，你不要緊張，要不然會從自行車掉下來的。」

我聽了更緊張了，來不及停車，就摔倒了。可是，我咬緊牙齒，沒有哭。

不哭！
不哭！

到了下午，我終於學會騎自行車了。我好高興啊。爸爸還為我們照了相。照片中的我在笑，哥哥呢，卻好像在哭。

　　媽媽笑著問他為甚麼會這樣，他說：「因為啟啟摔倒了，我看見，心裏覺得很難過。」

　　原來是因為我呢。哥哥真好。

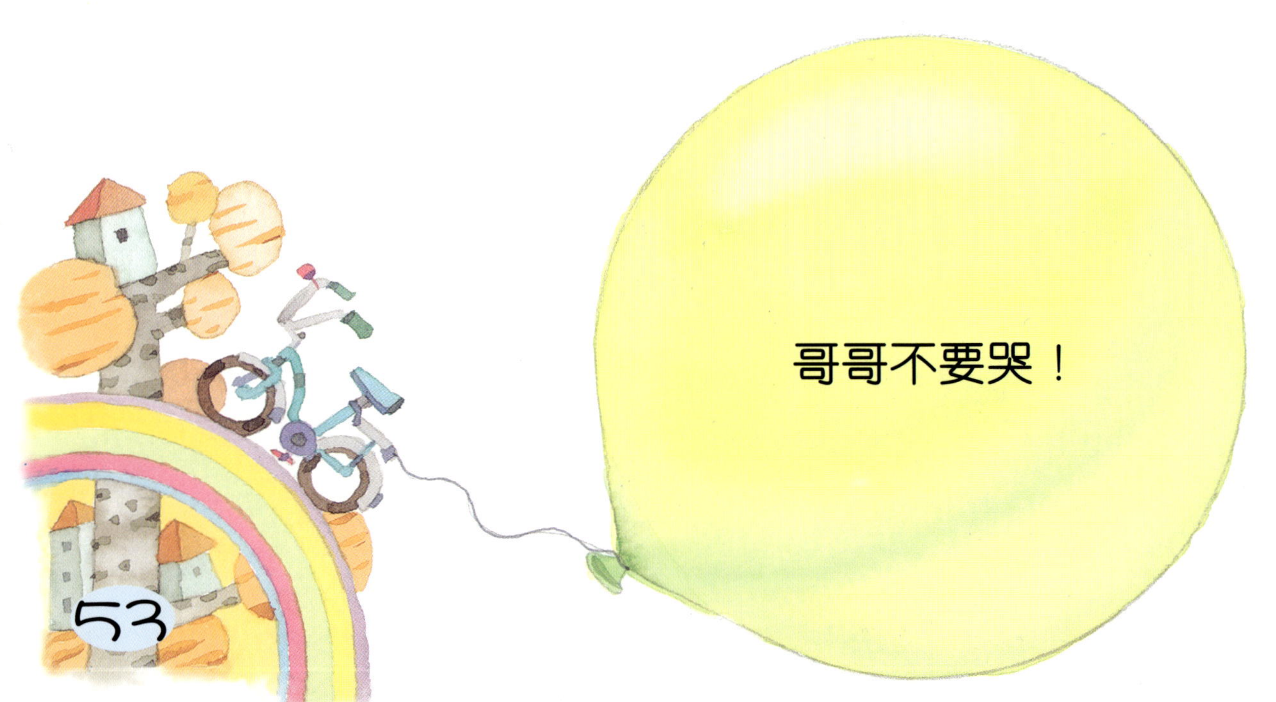

小詩

自行車的名字

自行車，
名字多。
你說一個，
我也說一個。
單車是一個，
腳踏車也是一個。
自行車，名字多？
數來數去才三個。

閱讀報告

（1）秋天的天氣很＿＿＿＿，我們一起去＿＿＿＿自行車。

（２） 啟啟騎自行車的時候，心裏有點

　　　＿＿＿＿，所以摔倒了。

（３） 哥哥見啟啟不小心摔倒了，心裏很

　　　＿＿＿＿，連照相的時候也笑不出來了。

爸爸媽媽想問你的問題

（１） 郊外好玩，還是商場、酒樓等地方好玩？為甚麼？

（２） 啟啟從自行車摔下來，痛不痛？為甚麼啟啟沒有哭？

（３） 哥哥拍照時為甚麼不笑？

（４） 那天，叫啟啟最高興的是甚麼事？

思思忽然不上學，為甚麼？
家裏最吵鬧的是誰？
到底是鞋子，
還是腳趾把腳弄臭了？
在《啟啟的腳趾有話說》，啟啟
將會遇上一連串奇妙有趣的事。

作者簡介

胡燕青，廣東中山人，五十年代生於廣州，八歲來港定居，在香港接受教育，畢業於伊利沙伯中學、香港大學，修中、英文。現職浸會大學語文中心助理教授。

中學開始喜歡寫作，作品以新詩及散文為主，偶亦參加少年兒童文學創作行列。著作包括：

(一) 詩集

1《驚蟄》 詩風社 **1981**
2《日出行》 山邊社 **1988**
3《我把禱告留在窗台上》 基道出版社 **1995**
(獲1998基督教湯清文藝獎之「優勝作品」)
4《地車裏》 詩雙月刊出版社 **1998**
(獲1999市政局中文文學雙年獎(詩))
5《護城河》 基道出版社 **2000**
6《攀緣之歌》 基督教文藝出版社 **2000**
7《午後推門》(與鄭雅麗博士合著) 匯智出版社 **2001**

(二) 散文集

1《心頁開敞》 突破出版社 **1989**
2《彩店》 山邊社 **1989**
3《我在乎天長地久》 突破出版社 **1995**
4《彩店》(新版) 匯智出版社 **2001**
5《我走過書桌的曠野》 匯智出版社 **2001**
6《野興》 基道出版社 **2001**

(三) 紀實文學

1《我的老師》 基道出版社 **1996**
2《十九歲的天空》 基道出版社 **1998**

(四) 少年文學

1《一米四八》 突破出版社 **1998**
(獲1998基督教湯清文藝獎之「卓越成就獎」，1999市政局中文文學雙年獎(兒童文學))
2《全天候跑道》 獲益出版事業有限公司 **1998**
3《頭號人物》 山邊社 **1999**
4《三線一族》 突破出版社 **2000**

(五) 兒童文學

1 初小語文系列—— 共四冊 **1997～1998**
《啟啟上小學》、《啟啟的腳趾有話說》、《啟啟怕不怕考試？》、《你就是二年級的啟啟嗎？》

(六) 詩歌欣賞短論集

1《小丘初夏》 新穗出版社 **1987**

(七) 翻譯

1《門徒日思錄》(四冊) 學生福音團契 **2000～2001**

獎項：

1981 香港市政局中文文學獎詩組冠軍
1985 香港市政局中文文學獎散文組冠軍
1998 基督教湯清文藝獎(優勝)
1998 基督教湯清文藝獎(卓越成就獎)
1999 香港市政局中文文學雙年獎(兒童文學)
1999 香港市政局中文文學雙年獎(詩)
2001 香港浸會大學校長盃傑出表現獎(教學)

插畫者簡介

王曉明，1945年出生於浙江寧波，1962年畢業於杭州藝術專科學校美術系。係中國美術家協會會員，杭州市作家協會會員、浙江美術家會理事。主要從事兒童讀物的寫作和繪畫，插圖作品曾在日本、西班牙、伊朗、意大利、斯洛伐克等地展出。低幼讀物插圖獲歷屆中國低幼讀物插圖評獎一等獎，曾獲日本「野間獎」。主要作品有童話集《會飛的房子》、《花生米樣的雲》、《神奇大樓之夜裏誰在叫？》。現主持王曉明工作室。